면도날 위를 넘는 집없는 달팽이

면도날 위를 넘는 집없는 달팽이

최종만 시집

인간과문학사

| 시인의 말 |

    십 년쯤 공부하면 무언가 내놓을 만한 시를 지을 수 있을 거라 생각했다. 그런데 갈수록 시를 쓰는 일이 집없는 달팽이가 면도날을 넘는 것보다 폭폭하고 더 어려웠다.
    농장 일로 바쁘다는 것은 핑계였다.
    그러는 사이 초등학교에 다니는 손자들이 동시를 썼다며 보내왔다. 내 시보다 훨씬 나았다. 그래도 아이들이 할아버지를 따라 한다며 노래를 부르고 시를 짓는 게 보람이라면 보람이겠다.
    나의 시는 어설프다. 시가 무엇인지 그 깊이를 아직 모른다. 다만 시가 좋아, 시 속에 살며 시를 쓰고 싶을 뿐이다. 남아 있는 시간, 시를 운명처럼 사랑할 수 있기를 기대한다.
    시인의 길을 가도록 도움을 주신 많은 분들께 또한 그 분이 주시는 선하신 은혜에 감사드리며.
    시여! 고맙다.
    시여! 사랑한다.

2022년 초여름에
최종만

| 차례 |

■ 시인의 말

제1부
집없는 달팽이

강을 건너다 · 14
달 오르는 · 15
면도날 위를 넘는 집없는 달팽이 · 16
시간의 출구 · 18
온몸으로 생을 읽는다 · 20
별보다 반짝인다 그의 눈이 · 22
마음 · 23
신호등을 건너며 · 24
자화상 · 25
반짝임을 더하는 · 26
그게 이유라면 · 27
갈등을 사랑이라 읽는다 · 28
유리 진주알 · 29
길을 묻다 · 30

제2부

첫사랑

첫사랑 · 34
첫 입맞춤 · 35
도라지꽃 · 36
덕진 연꽃 · 1 · 37
그대의 어깨 위에 내리는 첫눈은 털지 말라 · 38
사랑아 나는 네게 물었다 · 39
네가 누군가의 첫사랑이었을 때 · 40
붉은 강 저녁놀 · 41
돌 던질 거리만큼의 눈빛으로 남는 · 42
그 많은 별을 헤는 밤 · 43
그대 곁에 서리 · 44
오랑캐꽃 · 45
첫눈 · 46
이별이 사랑인 별에서는 · 47
동백정 동백꽃 · 48
사랑초 · 50

제3부

배롱나무

배롱나무·1 — 어머니의 손등 · 52
배롱나무·2 — 어머니의 발등 · 53
배롱나무·3 — 머리를 빗으시는 · 54
배롱나무·4 — 어머니의 겨울 · 55
배롱나무·5 — 가슴에 피는 꽃불 · 56
배롱나무·6 — 연리지 · 57
배롱나무·7 — 당고모 · 58
산길 · 60
노모 곁에서 · 61
고마리꽃 · 62
조각이불 · 63
감자꽃 · 64
돌확 · 65
장사 · 66
햇귀 · 68

제4부

바람에 몸을 씻고

탱자나무 가시에 대한 생각 · 1
  — 탱자나무 가시 · 70
탱자나무 가시에 대한 생각 · 2
  — 굴뚝새 · 71
탱자나무 가시에 대한 생각 · 3
  — 호박넝쿨 · 72
만년필 · 73
호수는 깊을수록 고요하다 · 74
호박넝쿨 · 76
감자탕 집에 가서 · 78
갈치속젓 · 80
시간의 물결 · 82
봄빛 약국에 들어 · 83
겨울호수 · 84

제5부

종소리

깊은 강 · 88
왕소금 · 89
시의 날 세우기 · 90
달, 달, 달 · 92
저녁 종소리 · 94
시가 오는 날은 · 95
시에 닿기까지 · 96
보물찾기 · 97
나의 시 · 98
시인이 되어 · 99
개밥바라기 · 100
새 하늘아! 새 땅아! · 101

제6부

새별자리

새 별자리 · 1 — 벚꽃이파리 무늬 · 106
새 별자리 · 2 — 눈밑 잔주름 하나 새기고 · 107
새 별자리 · 3 — 빈 의자 · 108
새 별자리 · 4 — 갈개잠 · 110
새 별자리 · 5 — 그믐달 · 112
새 별자리 · 6 — 고목 · 113
새 별자리 · 7 — 아버지 손 · 114
새 별자리 · 8 — 꽈리 · 115
새 별자리 · 9 — 염하는 친구에게 · 116
꽃눈 · 117
그리 낯설지 않은 풍경 속으로 · 118
우리 닿는 지상에서는 · 120

■ 발문 — 황혼의 민달팽이 | 우한용(소설가 · 서울대 명예교수) | · 122

| 제1부 |

집없는 달팽이

강을 건너다

흰 바람 소리

기어이 갈잎 하나
베어 무는
집없는 달팽이

노을 지는 강 건너
갈대숲 바람 소리

달 오르는

금이 가
한지로 기운 유리창에
보름달 뜨면

별자리 따라
벙싯벙싯 피는
배꽃 사이
집없는 달팽이 한 마리
때맞춰 둥근 달 등에 메고
이사를 가네

초저녁부터 창가에 말없이 서 있는
아내의 커다란 눈망울 그
광활한 은하로
통째로 뚝 뚝 지는
흰 꽃잎

면도날 위를 넘는 집없는 달팽이

그 너덜너덜 기운 누더기는커녕
지까다비* 헌 신발 한 짝도 꿰지 못한 채
벌거벗은 몸으로 길을 나서는
꼬장꼬장한 집없는 달팽이

어디를 그리 바삐 가시는가
손에 명아주 지팡이라도 하나 쥐여 주랴
오! 묵언수행 중이신가
눈길 한번 주지 않네

이제껏 넘어온 산들보다
넘어야 할 산들은 더 가파르고 높다는 듯
온몸을 구부려 거대한 산처럼 하고서
날 선 면도날 위를
털끝 하나 상하지 않게 넘고 있는
저 집없는 달팽이
태생이 고행이라니

---

* 일본어로 노동자용의 작업화.

얼어붙은 제 몸을 먼저 녹여 주어야
모든 것을 미끌리게 하는 빙판길처럼
하얀 피를 뿌려 목숨을 살리는
신라의 이차돈처럼
온몸의 가시 하나까지 녹여내여
면도날 푸른 날빛을 오히려
참 폭폭도 하다
질질 흐르게 하고 있지 않은가

집없는 달팽이가 걸어간 길은
깊은 강물로 출렁인다

오늘은 벼락 맞은 대추나무 지팡이
그의 손에 들려 주고 싶다

시간의 출구

작심하기라도 하듯 며칠째
유리 천장을 건너는 집없는 달팽이
채 반도 못 건넜는데 해가 졌다

해를 따라 쉬지 않고
걷고 걸었는데 제자리라니
출구를 찾겠다는 그의 결심에
일단은 박수를 보낸다

태어나 한 번도 보행을 바꾸지 않은
느릿함의 시선을 피할 수는 없다지만
진자처럼 한 자리에서만 움직였다는
낮달의 증언이고 보면 조금은 이해가 된다

다른 별자리에서 태양계 안을
들여다볼 수 있다면 몰라도
해 아래서는 아무리 걸어도
출구를 찾을 수 없다는 말을 해 주어야 한다

그의 눈을 한 번쯤이라도 그윽히
들여다보아 줄 수 있다면 위로가 되겠다

온몸으로 생을 읽는다

집없는 달팽이의 눈은 오래전 퇴화된 듯
자세히 보아야 검은 점 같은 눈을 볼 수 있다

그에게 이 세상은 물속 같다
물속을 유영하기 위해서는
몸에 아무것도 걸치지 않아야 한다
잠수할 때는 등에 거추장스럽게 집을 매달지 않으므로
부력을 줄일 수도 있겠다
어떻든 먹어야 사는 이빨 외에는
물컹한 전신이 지느러미다

저항을 줄이기 위해 어쩔 수는 없다지만
몸에 지닌 것이 없으니 자유롭다
자유로우니 욕심도 없다
욕심이 없으니 멈춤이 없다
그저 구름처럼 흐르듯
어느 한곳에 머물지 않는다

그는 물속을 헤엄치듯
눈이 아니라
온몸으로 생을 읽는 것이다
저토록 충실한 삶이라면
나비처럼 날 수도 있으리라

별보다 반짝인다 그의 눈이

집없는 달팽이의 눈이 잠수정의 잠망경처럼
볼록 솟을 때가 있다 밤이다
밤이면 눈을 왕방울만 하게 키워 밝히고
별들이 옹실거리는 미리내를 유영한다
밤새 미리내 깊은 물속에서
가장 빛나는 별을 주워 올려 강둑을 쌓는다
미리내가 밝게 빛날 때가 이 때다
깊은 밤 빛나는 별들 사이를
비단잉어처럼 헤엄치며
그는 홀로 자유로운 영혼이 되는 것이다
덩실덩실 춤이라도 춰야겠다
어깨춤, 그래 어깨춤이 좋겠다
별보다 반짝인다
그의 눈이
시를 본 것이다

마음

어둠에는 턱이 있어
밤길 수없이 넘어져
온몸이 상처투성이다

아침 햇살이 밝게 비치자
어둠의 턱이 사라졌다

어둠의
내 마음아!

신호등을 건너며

반도 채 안 건넜는데
초록별이 깜박인다

빨리 걷는다고
걸었는데

나의 발은 또 얼마나
빨라져야 하는 것이냐

아득하다
나의 별

자화상

집없는 달팽이 한 마리
방학으로 텅 빈 운동장 한켠
뙤약볕 너비뛰기 모래판을
건너고 있습니다

때때기 한 마리
때때때때- 때
한번에
모래밭 건너
풀숲에 숨습니다

숨었습니다

반짝임을 더하는

썩지 않는 슬픔을
버릴 데가 마땅찮습니다
그래서 눈물로
끄먹끄먹 다독여서
세상 밖으로
강물처럼 흘려보낸다 합니다
그렇게 해서라도 삶은
저녁 늦은 가난의 때
골 깊은 눈가에 반짝임이 됩니다

그게 이유라면

동물원 우리 안에
우둑하니 서 있는 코뿔소가
아무것도 생각나지 않아서라면
나도 팔월의 땡볕 아래
온종일 꼼짝도 않고 서 있어야 한다

코 뿔 끝에 눈물처럼 빛나는 초원이
푸르게 푸르게 맺힐 때까지

갈등을 사랑이라 읽는다

일주문 곁에 나무처럼 서 있는
아름드리 거목이 있다
왼쪽으로만 땅바닥을 기는 칡넝쿨과
오른쪽으로만 땅바닥을 기는 등나무 넝쿨이 만나
부부가 사랑을 나누듯 꼬옥 껴안아
밑동부터 송곳 끝이 들어갈 틈도 보이지 않게
서로를 탄탄히 감아올린 것이다
다름이 아니라 그 다름을 서로 메꾸어 하나가 되는 것이다
우리 몸의 등과 배처럼
다른 건 몰라도 葛자, 藤자를
부부 사이만이라도 사랑이라고 읽으면 안 되나

유리 진주알

바닷가 모래 깊숙이 박힌
소주병 깨진 조각
쌈박 눈을 한번 감는다
모래알들의 긴 숨소리를 듣는 것이다
가슴을 물질하는 밀물과 썰물의
거친 물음표들의 구름이
살 속을 더 깊게 에어 오는
아픔일 줄만 알았는데
삶이 아름다워지는 것은
아픔이 진주가 되기까지
밤새 제 상처를 핥는 짐승들처럼
서슬 푸른 날을 갈아내어
저토록 영롱한 유리알로 반짝이기까지
끝없는 저 갈음질의 고운 숨결이라니

길을 묻다

길은 집없는 달팽이처럼
올곧게 가는 것이라 믿으며
그리고 지금도 변함이 없다

때로는 바람에 길을
나설 수도 있었으나
곁눈질 없이 묵묵히 감으로
그 길이 멀리 돌아가
뒤처진다는 것을 뻔히 알면서도
바르게 가는 것만이
가야만 하는 길임에
침묵하듯 걸었다
그러나 삶의 길은 언제나 고난과 시련
생의 어느 길목마다
어려움이 먼저 와 기다리지 않은 적은 없었지만
돌아보면 고비를 넘을 때마다
고통 또한 기쁨이었음을
첩첩한 산들도 오르고 보면 넘지 못할 산은 없었듯이
언제까지 지속될 것 같았던 태풍도

지나고 보면 잠시였듯이
슬픔으로만 보이던 에움길도
지나고 보면 희망으로 가는 길목이었음에
지는 해를 따라 걸어도
해는 등 뒤에서 다시 떠오르듯

아무런 목적 없이 길을 달리고
별은 너무 멀었다
내 머리를 밟고 간 사람들이나
내게 돌을 던지고 간 사람들은
아무리 기다려도
끝내 돌아오지 않고
미움은 미움으로 지워지지 않고
갈수록 미움은 미움만을 부풀린다는
평범한 깨달음 앞에
일곱 번씩 일흔 번까지도 용서하는 것이 결국은
자기를 용서하는 길임을
나는 언제나 죄인이었다

| 제2부 |

첫사랑

첫사랑

세상 여느 일처럼
쉽게 잊히는 것이라면
첫사랑
아예 처음부터 하지 않았다

첫 입맞춤

아니라 해도
아무리 아니라 해도
내 맘이 자꾸만
네게로 기우는 것은

떨기나무 뜨거움
같은 첫 입맞춤

몸은 그 떨림을 아직도
잊지 못하나 보다

네게로 기운다
오늘밤

도라지꽃

내 잠
어둠의 들길

갓 스무 살 누이 볼에
함초롬 뜨는 초승달 같은

한 점
흰 꽃

내 잠
어둠의 들길

초롱이
너는 피어

덕진 연꽃 · 1

건지 산 아흔아홉 굽이가
덕진못 물을 감싸 안듯
덥석 끌어안는 당신은

심청이 열두 폭
푸른 치마
인당수 깊은 너울 감싸 안듯

오른쪽 무릎 곱게 세워
두 손 모으는 마음

비로소 봉사님네들
번쩍번쩍 눈 뜨듯
한 대 줄기로 타는 꽃불이여

오늘은 입술 붉은
그대를 보네

그대의 어깨 위에 내리는 첫눈은 털지 말라

그대 어깨 위에 내리는 첫눈은
결코 털지 말라
그대에, 그대에 다가서는
가슴 붉은 별무리다
잘 들여다보라
숨결 쳐 오는 저 은빛 나랫짓
굳이 약속은 하지 않았지만
첫 입맞춤 그대로
그대 어깨 위에
별이 되어 내리는 것을
첫눈 오는 밤이 왜 따뜻한지
그대 가슴이 뜨끈뜨끈해질 때까지
맨 가슴살로 내리는 눈을 녹여 보라
한땀 한땀 붉어지는
그리움

사랑아 나는 네게 물었다

사랑하는 것보다
잊는 것이 더 어렵다고 합니다

사랑아!
너는 처음부터 알고 있었지

잊기 위해 우리는
아픔보다 더 많이
사랑해야 한다는 것을

네가 누군가의 첫사랑이었을 때

거짓으로라도
사랑한다 말해 보라

사랑한다 말하는 순간만큼은
진실해지는 게
사랑이란다

물음표와 물음표가
이마를 대고 마주서듯
사랑아!

그리고
알 수 없는 점 하나

기적소리 길게 늘이고 떠나면서
널어놓은 구름마저 떠난 뒤
목걸이보다 오래도록
가슴에 반짝였지

붉은 강 저녁놀

네가 떠난 후에야
사랑이 강물임을 알았다

미처 깨닫기 전
흘러가버리고 마는

그 아득함의
첫사랑

붉은 강
저녁놀

돌 던질 거리만큼의 눈빛으로 남은

첫사랑은 의당
잊고 사는 건 줄 알았는데
씻은 듯 잊고 사는 것인 줄 알았는데
가끔은 첫 입맞춤처럼
후회 같은 설렘 글쎄
난치병 앓은 흔적을
가슴에 뻘겋게 새기고
잊은 듯 살 줄이야
결코 돌 던질 거리만큼의
눈빛으로 남은 줄이야

그 많은 별을 헤는 밤

그대를 보내고 돌아선 자리
다시는 다가설 것 같지 않은 들판으로
별이 지고 있었습니다

달빛이 만드는 어둠 때문에
기다림은 기다림으로
그리워하는 것임에
침묵하듯 한동안은 몸서리쳐 앓았습니다

다시 만나리라는 부질없음을
사랑하는 사람은
결코 떠나보내는 게 아님을
늘 늦게야 깨닫는 후회에
어느 때부터인가
습관처럼 별을 헤었습니다

그 많은 별을 헤는 밤

그대 곁에 서리
— 나의 시여 13

바람이 길을 찾지 않아도
눈발이 매서울수록
한겨울의 잎들은 어떻게 더 푸른지
맨살로 견디고 싶습니다

별빛에 막 몸을 씻는 어린 줄기들이
다투지 않아도 어떻게 꼿꼿이 서는지
오늘은 그대 가슴으로 보고
또 보고 싶습니다

바람도 모르게 솔향기로 피어
하늘을 우러르는 생애처럼

잎새 푸른 밤이면
한 오라기 햇살
한 움큼의 물

한줌의 흙으로
정갈히 사는 법을 배우고 싶습니다

오랑캐꽃

다가서면 다가설수록
멀어질 것만 같아
강둑 어둠에
그대 이름을 가만가만 부르다
목이 쉬어 강둑에 나앉았습니다

부르는 소리야
강물에 씻겨가지만
봄이 와 내 앉은 자리
오랑캐꽃
오랑캐꽃, 꽃 피면
자줏빛 고운
그 자줏빛 고운 빛깔을
나는, 나는
어찌해야 합니까

첫눈

겨울 빛
깊어지면, 그대여!
비록, 흩날리어도
바람꽃 피던 날
자줏빛 꽃
꿈 댕기
반짝이며
반짝이며
나래 쳐 가는
저 은빛 너울
꽃이파리
너는 보느냐

이별이 사랑인 별에서는

손을 놓고 돌아서는
순간의 참담함으로
서로를 미워하지 말자
헤어짐은 헤어짐대로
사랑하는 사람은
어떤 모습으로든 다시 만난다

그 날의 조용한 갈망이 손 잡아오듯
그리움이 기다림의 길목이라면
헤어짐은 길고 긴 그리움의 회랑이다

삶이 가끔씩 가슴을 옥조이는 슬픔일 때
저 오솔길로 성큼 들어서 올 것만 같은
사랑하는 사람 하나 기다리는 것은
여전히 행복이지 않은가

외롭고 더 쓸쓸한 날
저물도록 바라보는 들녘에서
소리 내어 부르고 싶던
사랑하는 사람아

동백정 동백꽃

시릴수록 서슬 푸른 이파리
앉은 자리 허벅지도 찰랑이지 못하는
이승의 한나절을
홀로 타는 바람살이여!

한 생애의 만남조차 외룬 세상
우리 다 사랑하지 않았다 해도
단 한 번의 입맞춤만으로도
세월보다 더 깊게 박인
가슴의 옹이까지 달여 붉은
그대는 아뇩관음이다

꽃이파리 헤치고 가면, 거기
그리움의 등잔불 심지 돋우는
비워도 비워지지 않는 순결의 샘
바다보다 짙푸르러져 출렁이는구나

어둔 밤하늘에 별자리를 놓아가듯
무채의 그리움을

정생頂生에 매다는
아뇩다라삼먁삼보리*여!

---

* 아뇩다라삼먁삼보리: 부처님이 지혜 중생을 제도하기 위한 완전한 깨달음의
  경지를 의미함.

사랑초

뽑아도
뽑아도
별빛 돋아
여울져 피고 지는
이승의 꿈 이파리
꽃자줏빛 고깔 아래
합장인 양
나래 접어 가는
머-언 산그늘
구름결
순이야!

| 제3부 |

배롱나무

배롱나무 · 1
— 어머니의 손등

솟을대문 밖
배롱나무

붉은 꽃
망울망울

백 일을 붉은 듯
짓무른 가슴

조각조각 벗겨지는 껍질을
간지럼 타는 정도로만 여기시는

어머니 손등처럼
흰 줄기로 남았습니다

배롱나무 · 2
― 어머니의 발등

잎 다 떨구고
홀로 눈 맞는 배롱나무

소쩍새 울음 빛
파인 그대로
검버섯 돋아

무겁게 내리는 싸락눈을
맨 발등으로 받으며
생각는

꽃 붉던 날

배롱나무 · 3
— 머리를 빗으시는

어머니는 어젯밤 초저녁부터
배롱나무 여린 가지를 부러뜨리며
앙상한 뒤 바람벽체를 휘어 채 오는
저 겨울의 눈발 치는 소리 하나까지 놓치지 않고
김칫독 밑에 꾹꾹 눌러 놓은
까치 소리
소쩍새 울음소리
뻐꾸기 소리까지 죄다 모아
동백기름 찍어 정갈히 참빗질하듯
가지마다
꽃눈을 피우느라
눈꽃이 하얗게 피었습니다

배롱나무 · 4
— 어머니의 겨울

잔등 너머
청솔가지 끝의 겨울 바람이
활처럼 휘는 밤

어머니는 장롱 깊숙한
저 푸르른 봄날의
연둣빛 치마를 매만지시듯

배롱나무 시린 가지
마디마디

뻐꾸기 소리 부신
웃음 하얀 꽃을
하늘 가득
짚어내고 계셨습니다

배롱나무 · 5
― 가슴에 피는 꽃불

등걸 진
소쩍새 울음

움푹 파인
볼우물

짓무르고
짓물러

어머니의 가슴에
피는 꽃불

배롱나무 · 6
— 연리지

무수히 비틀린 뼈와 뼈가
서로를 매만지고 있다

하얗도록 칼집 난
저 등줄기
푸른 피 맺힐까

처서 지난 고추는 맵기라도 하지
마디마디 시려오는
침도 뜸도 듣지 않는
바람 든 자리

흔들리지 않으려
마주잡은
골다공증 앓는 손

배롱나무 · 7
─ 당고모

손으로 비틀어 짠 겨울 빨래
탱탱 얼어붙은 듯한 배롱나무의 등에는
옹이가 더 깊이 박인다
'ㄱ'자로 굽은 어머니의 등이 그랬고
자식 열둘을 낳아 아홉을 뒷산 하얗게 얼음 박힌
진달래 꽃망울 막 붉은 뿌리 밑 가슴께에 묻었다는
당고모의 등은 'ㅅ'으로 더 굽었다
"페니실린이라도 한 방 놓아 줄 걸"
"자장가라도 한 번 더 불러 줄 걸"
입버릇처럼 두고두고 가슴을 치셨다
그래서였을까
건넛산 완산칠봉 골짝골짝
진달래꽃 붉은 그 차가운 바람을
배롱나무처럼 맨살로 맞으셨다
"묻은 날은 몰라도 낳은 날은 몸이 먼저 알아"
이제는 아홉 아이들의 이름도 가물거리시다며
끝내 고개를 돌리시던 베갯머리 사이
물살 지는 주름살 고운 당고모
해마다 옹이가 더 깊이 박이는지

사나흘씩을 앓아 누우셨다
올봄 배롱나무 잎이 피지 않았다

산길

바싹 마른 솔가리
한 솔기 운기마저
짜 내주느라
말라붙은 젖줄기까지
거북등처럼 쩍쩍
갈라내고 있는 저
산길처럼

신록 짙은 오월의
가문 하늘 아래
늘 갈래졌던
어머니의 가슴

노모 곁에서

아침마다
머리를 빗으시는 어머니는
손때 절은 참빗으로
정갈하게
한 오리 한 오리
지나온 세월까지 빗질하니
빗질하여 쪽을 찌우고
옥비녀를 꽂습니다
그러나 머릿결보다
반짝이게 다듬이는 건
어느새 어머니의 볼우물에 고이는
잔잔한 아름다움
잔잔한 물 무늬

고마리꽃

들판 어디서나 풀이지만
낫질에 싸잡혀 한낱
돼지우리에 던져지지만

풀벌레 제 울음소리
서둘러 끝내는
첫서리 내리는 서걱한 새벽

한번 목놓아
울어보지도 못한
소쩍새 울음 빛으로

어머니의 가슴에 멍울져
붉다붉다
희어지는 꽃이여!

조각이불

결혼을 코앞에 둔 누이는
이 보따리 저 보따리를 풀어헤치다
겨우 잠이 들었는데

세상이 늘 안개 속을
걷는 것 같다는 어머니

깊은 밤의 남은 어둠을 걷어 와
조각조각 이리 붙이고 저리 붙여
귀퉁이 하나 모나지 않게

샛별 반짝이게
매화꽃 복사꽃 살구꽃

울긋불긋 꽃동네
어머니 손길 따라
웃음 환히 피워내십니다

감자꽃

채워 주시는 여섯 개의 밥그릇
어머니의 밥그릇은 늘
달빛으로 가득 찼다
묏등이 둥그런 것은
죽어서라도
배부르란 것이라며
짐짓 웃으시는
달빛 젖은 남새밭
보라꽃 향기
어머니의 손등에
곱게곱게 피어라

돌확

봉숭아꽃 져버린
장독대 옆에 앉아
어머니는 돌확에 고추를 갑니다
이장네 가게서
드르르-륵 갈아 와도 되련마는
굳이 김치 맛이 안 난다며
허리 펴지 못 하십니다
대처로 간 막내라도 돌아오면
도굿대로 시원스레 갈아도 주련만
어머니는 손톱 밑이 아릿하니
봉숭아 꽃물이 드는 줄도 모르십니다

장사

마을 앞 향나무 숲 우물가
첫 물 안개꽃 자욱이 피면
벌써 항아리마다 물을 가득 채우시는 어머니

푸르르 푸르르
이슬에 맺힌 어둠을 털고 가는
굴뚝새의 날개깃에 설핏 붉은 기운이 서리면
나뭇단에 불을 붙이시는 어머니

바람 살랑이듯
살짝살짝 잎을 들추어
애써 숨겨 논 애호박을
늘 담 너머로 집 안팎을 감시하는
일본 순사놈 눈길 피하듯
얼른 치마폭으로 감싸 따오시는 어머니

아무리 바쁘셔도 호박순 집어 주는 것도
잊지 않으시는
그 손길처럼

애호박 뚝, 뚝 썰고
호박잎 몇 장
아침 햇살까지 싹싹 비벼 넣어
한 솥 가득 풋국을 끓여내시는 어머니는

동학혁명 접주 장손 집안
팔남매의 장남 며느리로
우리 집안의 장사이신

햇귀

돌 틈 사이
금모래 빛

은모래 빛 반짝이는
옹달샘처럼
송홧가루 날리는 새벽길

첫 물빛으로
늘 바쁘시던

어머니의 발걸음 소리
영명한
영명한

| 제4부 |

바람에 몸을 씻고

탱자나무 가시에 대한 생각 · 1
— 탱 자 나 무   가 시

 탱자나무 울타리 곁을 지나다 보면 괜스레 등살이 움츠러든다는 게 순전히 가시에 찔려 본 사람들의 생각이려니 하겠지만 따지고 보면 우리가 가시에 쓸데없이 너무 가까이 다가간 때문이었다

 실상 탱자나무는 그 가지들의 신경조직을 부챗살 모양으로 펼쳐서 가시들을 안쪽으로 향하도록 단단히 잡아 끌어당기느라 온몸을 시퍼렇게 비틀어 조이고 있는 것이다 잠시도 만만치 않은 삶의 순간도 탱자나무는 결코 가시로 가시를 찌르지 않는다 오히려 빗발치게 날아오는 무수한 돌팔매 날 선 사금파리 조각 하나조차도 제 가슴으로 품어내느라 가시로 꼬옥 껴안는 것이다

 끝내 땅에 내려놓을 수 없는 탱자나무 가시들만의 침묵이 비바람에 젖지 않고 내리는 빗방울조차 그 가시 끝에서 흔들리지 않게 지상으로 가만히 내려놓는 저 고요함으로 우리는 얼마나 사랑하는 법을 열심히 연습해야 서로를 힘껏 껴안을 수 있는 것인지 우리 몸의 가시들

탱자나무 가시에 대한 생각 · 2
― 굴뚝새

포르르 포르르 포르르
가시와 가시를
씨와 날로 엮으며
빈 허공을 나는 저 굴뚝새

노을 속을 누비는
탱자나무 가시울타리

저녁연기보다 곱게
금빛 물결을 탄다

그 작은 날갯짓만으로도
노을보다 환한
저녁 빛

탱자나무 가시에 대한 생각 · 3
— 호박넝쿨

호박넝쿨손처럼
가시 하나도 빼놓지 않고 친친 감아
가시가 많을수록 층층이 감아
가시 끝이 보이지 않게
겉에서 보이지 않는
아주아주 깊숙한 속마음까지
짱짱하게 감아주어야
어금니 물고, 두 팔 걷어붙이며
논둑길 억장 무너지게 달려오는 태풍을
생채기 나지 않게 피하는 일
그리고 굳이 당부하자면
너른 잎으로 잘 감싸 안아 주어야 한다는 것
두고 보면 알지만
탱자나무 가시 위에서 다리를 옆으로 꼰 채
오른손으로 턱을 척 받치고 누워
텃논 한 배미 가을볕을 다 받고 있는
성글성글한 어르신 호박의

만년필

주머니에 꽂고 다니는 만년필
너무 꽉꽉 돌리어 잠그지 마시어요

내 첫사랑의 보랏빛 제비꽃
함부로 짓밟히듯

너무 쉽게 닫아 버린
우리 마음처럼

곧바로 쓰려면
잘 열리지 않잖아요

호수는 깊을수록 고요하다

새벽 호수의 고요에 돌을
던져 본 사람은 압니다

물결을 잘게잘게 나누어
가장자리로 밀고 가는
파문도 파문이지만

한번 가라앉은 돌로
다시금 물결을 일으켜
들레지 않는

아무리 가물어도 그 바닥을
드러내 보이지 않는
저 새벽 호수의 웅숭깊음처럼

돌산 하나쯤 통째로 들어앉혀도
아무렇지도 않는
내 마음이고 싶습니다

고요한 호수가
산과 하늘을 흔들림 없이 담아내듯

호박넝쿨

호박넝쿨은 무단히 뻗는 것 같아도
한 걸음만큼 나가서 비로소 각기
다른 방향으로 새순을 내느라
장맛비에도 허리 펴고
더운 숨을 고르곤 합니다

서로가 엉클어지지 않으려
온몸을 땅에 바싹 당기어
명아주 여린 줄기며
나무의 거친 등쌀머리며
돌부리 엉큼한 곳조차 꽉 움켜쥐어 잡는

지금 한 발 덜 나아간대서
꽃 피우지 못해도
이 악물고 버티는
그 경계의 끝에 내리는
하얀 실핏줄

같은 뿌리에서 난 넝쿨끼리는
한줌의 햇살도 결코
다투는 법이 아니라지

호박 밭에 들어 덤벙대거나
괜히들 애호박을 따려고
낫 꽁댕이로 넝쿨을 함부로 휘휘
뒤적일 일이 아니다

감자탕 집에 가서

조상님들이 3대나
고추장을 임금님께 진상했다는
무장아찌 익는 댓바람 같은 흰소리에
순창 골 참대나무 숲에 묻혀
가슴팍 돌덩이도 삭히어
마른 눈물 줄기 살라 피는
열아홉 살 누이 꽃 같은
3년 묵은지를
푸짐히 얹어 끓이는 감자탕
가마솥 장작불로 오래오래 끓여야
시원한 국물 맛을 낸다며
한 대접씩 푹푹 퍼주는데
고향의 숨결 같은 인정이 꼭
어머니의 감치는 손맛 같아
눈물이 막 솟는데
도대체 너는 몇 년을 더 묵혀야
이 맛, 깊은 시늉이라도 낼 테냐고
언제 그 목울대 힘줄기부터 삭을 거냐며

목젖이 따끔거리게
묵은지 가닥이 넘어가고 있습니다

갈치속젓

노송원 전주고등학교 후문 지나
와룡식당 치열 고른 주인장이
삭혀내는 소 웃음 같은 갈치속젓

곰소까지 가서 사온 갈치 속
쓸개까지 걸걸한 성깔로
싹싹 비벼 넣고 갈아내는
와룡식당 문턱 같은 갈치속젓

해풍처럼 쏴아 울음 우는
조선 소나무의 쓰려오는 속앓이
김장 배추 뚝뚝 뜯어
궁금한 것들까지 싸잡아
꾹꾹 찍어 먹는 갈치속젓

청량고추를 찍어 먹어도 맵지 않은
도대체 제안의 것을 다 드러내 놓고도
은빛 비늘 물결 치는 소리를

몇 천 번이나 도로 눕히어야
기막힌, 이 맛을 내는지

내친김에 무주 안성 육쪽마늘도
아삭아삭 깨물어 보는

시간의 물결

흠, 없이 둥그런 나이테는 없다

고려청자 항아리
천년의 빛보다 단아한
가을 깊은 하늘도 실은
구름에 늘 가리어 있었다
그래서 푸르렀다

뒤돌아보지 마라
시간의 물결
흐르니까 강물이다

봄빛 약국에 들어

약국에 들어와서도 한동안
콧물까지 훌쩍이며 울던
세 살배기 사내아이가
소아과병원에서
고사리손에 꼬옥 쥐여 준
막대알사탕을
꽈드득 깨어 문다

그래그래
삶은 고인 눈물을
막대알사탕처럼
콰-악
깨물어 버리고 싶을 때가 있음을
벌써 알았다는 것이지

하! 고 녀석
봄빛처럼 웃네

겨울 호수

 개똥참외 베어 문 씁쓰름한 입술 같은 세상에 오래오래 살다 보니 별의별 소리 다 들나 싶은데 일주일인지 이주일인지 개인도 아닌 그룹 과외비가 일천오백만 원이라니 세상일 얼핏설핏 들을 일은 아닙니다마는

 세상이 다들 한줌의 햇살이라도 더 받겠다고, 제 땅을 넓히며, 위로만 솟구치려고, 야단법석을 떨 때, 오히려 제 몸을 움츠려 밑으로 내려간다고 하면, 아마 열이면 열, 스물이면 스물, 덜떨어진 소리 말라고, 턱을 삐뚜름하니 약간 치켜든 채 흥-하며, 코 풀듯 비웃을지 모르지만

 겨울이 오는 호수는 더 차가워지지 않으려고, 우선 차가운 것들부터 해 가까운 물위로 밀어 올려주며, 제 몸을 낮추어 음산하고 축축한 어둠의 밑바닥으로, 밑바닥으로 소리 나지 않게 내려앉습니다

 그런데 희한하게도 해 가까이 떠오른 물은 제 가슴의 여린 속 깃털을 뒤적거리고 뒤적거려서, 기중 제일 부드러운 솜털을

뽑아 한밤 내내 호수의 가장자리부터 명주솜이불을 정성스럽게 덮어주느라, 자신이 얼어붙는 줄은 정작 모릅니다

날이 차가워질수록 검붉게 얼어들던 어머니의 가슴팍처럼

| 제5부 |

종소리

깊은 강

강물은 큰 소리치며
흐르지 않으려고
밤이면 홀로 깊어졌다

왕소금

그대의 가슴에 녹고 싶습니다

껍질 잘 벗긴 찐 달걀에
왕소금처럼
정육면체의 당당한
결정체 모습 그대로
반짝이며
반짝이며

시의 날 세우기

달 밝은 보름밤이면
들릴락 말락 입꼬리를 사알-짝 쳐들어
눈웃음치는 달의 요염함 때문만은 아니래도
달의 뒷머리를 슬며시 돌아가면
한창 물오른 달의 실팍한 엉덩짝
곰보딱지 환하다

간장독, 김칫독 얼어드는 밤
피-잉 피-잉
숨 고르는
두물머리 얼음판의 숨구멍
바늘 끝보다 작아
암, 암 작아야 찾는 맛도 나는 게지

두루 도는 불칼이 지키는
에덴동산의 생명나무
생명나무 있지

백악기 쥐라기쯤
발정난 수공룡의 앞 발등에
야무지게 걷어채여
횡횡 구르던 바윗돌을
병치레 많은 가슴 작은 누이
밤새 뛰다뛰다 겨울 아침
기어이 오른 작두칼
시린 날 위에 세우듯

오! 꿈속도 흔들리지 않는
두 눈 부릅뜬
너의 중심이다

달, 달, 달

차오를 때는 참따랗게
보란듯 둥글게
쌓아쌓지만

무너질 땐 흔적 남지 않게
아래 등부터 소리 없이
비워 내는 것을
씻어 내는 것을

부엉 부엉 부엉
부엉바위 청정한 달빛이여
푸르러 푸르리라고

서녘하늘을 허무는
윗등 성성星星한
거친 숨결

높아라 높아라
높새바람보다 높아라

솔바람 고운 임아!

저녁 종소리

파릇파릇 새 풀 돋는
자작나무 사이로
훈훈한 바람이
방향 바꾸지 않고 불어들고
별빛 녹아 흐르는 시냇물에
한가로이 발 담그는
순하디 순한 사슴 무리에 섞여
날 저무는 먼 마을의
저녁 종소리를
푸르게 듣는

시가 오는 날은

봄의 못물 위를
통 통 통 통 통
빗방울 건너오듯

노란 우비
뽀얀 종아리까지 닿는
노란 장화 신고
몸단장 방금 끝낸
넝쿨 장미꽃 담장 따라
수정 같은 물방울
찰박찰박 치며 달려와
덥석덥석 안기는

고사리 새순 같은 주먹
활짝 펼쳐 보이는
환한 햇살

시에 닿기까지

꽃이 아름다운 건
이슬방울을
단단히 궁굴리어 내기까지
바람을 밤새 다독이듯
내게는 어떤 방황도 끝나지 않았다

밤하늘의 별이
제 몸을 끊임없이 부싯돌 쳐
반짝임을 멈추지 않듯
내게는 어떤 방황도 끝나지 않았다

나, 빗방울
그대 무량의 입술에 닿기까지
바다가 파도를 멈추지 않듯
내게는 어떤 방황도 끝나지 않았다

무릇 시여!

보물찾기

친구는
나의 시가 어렵다고 합니다

친구여!
실은 나도
시를 쓸 때가
가장 어렵다네

우리 초등학교 일학년 소풍 때
보물찾기처럼

나의 시

파도가 온몸으로
제 몸을 부수는 것

늙은 독수리가 날개를 접고
지상으로 곤두박히어
굳은살을 깨뜨리는 것

한 마리 불사조
제 뼈를 태운
매운 잿속을
날아오르는

바람보다
더 가벼워지는
날아오르는 새의

시인이 되어

죽을 때에야
하늘을 향하여 우는 새소리는
들을 만하지 않으랴

삶과 죽음의 소실점에서
울음을 다하는 새의
죽음조차 아름다운 노랫소리

시늉으로라도
닮아 봐야지

새의 초롱한 눈망울만큼
반짝이게
반짝이게

개밥바라기

남은 노을을 걷어 와
서녘을 홀로 밝히는

초저녁 아내의
새우 쪽잠 덧

깊어지는 강물에
말끔히 씻어

햇귀보다
먼저 뜨는

아내의 고운 꿈속
별 돋는

새 하늘아! 새 땅아!

태고의 그 때
어디선가 벼슬 곧은 수탉이
홰를 쳐 울었으랴
오래도록 살이 타고
뼈가 꺾이는 아픔을 견디어야
하늘을 펴 바다를 덮을 줄

막 잠에서 깬
흰 옷 입은 거인들이
뚜벅뚜벅 바다를 건너와
양팔 간격으로 늘어서서
오죽했을 응어리를
머리채 긴 해풍에 풀어
새 천년의 꿈 밝히는 것을

오라!
이제는 오라!

쑥 한줌, 마늘 스무 쪽으로도
능히 천 년을 견디어 낼
흰 옷 입은 착한 전라도 육자배기들아!
덩실 덩실 어깨 춤추며 오라!
모두 모두 와서
검푸른 파도를 밭고랑처럼 일구어
즈문 꿈을 가꾸어

가슴 벅찬 아침들이
새벽 나래 치며
번쩍번쩍 금가루를 흩뿌리는 저기
저 하늘, 약속의 땅으로
지축을 울리며 다가오나니
새 역사의 문을 활짝 여나니

아무리 쳐도 질리지 않는
조선의 징소리 장고소리 북소리
힘껏힘껏 울리어 가자
우리 얼싸안고
우리 얼싸안고

목울대 힘줄기가 불끈 솟도록
온 세상이 쩌렁토록 외치어

새 하늘, 새 땅
새만금아!

| 제6부 |

새 별자리

새 별자리 · 1
— 벚꽃이파리 무늬

지리산 둘레길을 걷다 벚꽃 지는 실상사엘 들렀지
입구를 지키는 석상들의 거뭇거뭇 쌓인 시간의 흐름을 봤지
병사의 공수 웡 위에 빛나는 금별 같았지

내 손등 여기저기
마라톤의 반환점에서
찍어 준 검자처럼
아하! 꽃이 피고 지는 세상 사람이라고
벚꽃이파리 무늬로 선명하게 찍어 주었구나!

삶은 어떤 시간이 되어서
막이 내릴 뿐 끝이 아니듯
돌담 첫 모퉁이를 도는 애나비
애나비의 연둣빛 나랫짓
꽃등 바람 타듯

벚꽃 진 자리
푸릇푸릇
새순 돋는 길

새 별자리 · 2
— 눈밑 잔주름 하나 새기고

별이 반짝이는 건
별들도 흐르는 눈물을 찍어내느라
눈을 깜박이고 있는 거라고 합니다

눈이라도 자주 깜박이지 않으면
외로움조차 쉽게 들켜 버릴 것 같아
하룻밤 새에도 눈밑으로는
깊은 둠벙이 새로 파입니다

청둥오리 몇
금방이라도 후다닥
날아갈 것만 같은

새 별자리 · 3
— 빈 의자

  외진 숲길 빈 의자 눈을 반쯤 내려 감았다 말을 잊은 건지 잃은 건지 속 빈 낮달 같다

  얼마 전까지만 해도 저녁나절이면 언덕 위를 출렁이며 붉게 물드는 노을을 눈 지그시 감고 바라보는 버릇이 있었는데, 요즘 들어서는 아예 눈을 반쯤 내려감아 버린 것이다

  북두칠성 별자리 따라 검버섯 핀 왼쪽 어깨의 버팀목인 무곡성자리가 탈골된 채 무너져 버린 뒤여서 몇 가지 억지 추측을 내놓기는 했지만, 그래도 뒤에 섰던 갈참나무 굵은 밑동이 모양만은 받쳐 주어 목소리는 아직 쩌렁쩌렁하다고 아침마다 바스락거리는 낙엽 장단에다 음을 잡았다 편대를 이루어 떼로 내리던 고추잠자리는 두어 바퀴 선회만 할 뿐

  늦게야 지는 갈참나무가 노을 짙게 묻은 잎을 골라 빈 의자를 수북이 덮어 주었다 노을 꽃이 피었다 노을 길을 잡아 나선 것이다

  올서리 내린 아침 들녘의 피 먹은 수숫대를 바람 독에 뉘어 놓고 서둘러 떠난 기러기는 노을 꽃을 보지 못했다

바람이 세차질수록 곧추세우는 시린 등을 억새 하얀 꽃이 곁을 함께 지켰다

새 별자리 · 4
— 갈개잠*

  흔히들 말하듯 세상은 시간의 물결이라든지 너무나 친숙한 소리라든지 태양 빛, 모든 것들이 바닷물처럼 파도치며, 우리에게로 다가오는

  벌, 나비, 잠자리, 제비, 참새 지상을 가장 높이 난다는 독수리도 갈매기처럼 파도 위를 넘듯 넘실넘실 난다는 것

  무 배추 참깨 벌레들의 고물고물 기어가는 모습이 파도를 넘는 시늉을 해 보이며, 심지어 호박넝쿨손마저도 파도 위를 너울너울 뻗어

  느리게 오랜 시간 파도를 넘는 영법이 평영같이 보이는 산맥들도 있다 몸부터 주름을 단단히 잡고 있다 에베레스트, 안데스, 가까이 백두대간의 소백산맥 노령산맥이 같은 영법이라도 파장이나 파고에 따라 그 모습이 달라 보이기는 하지만 구불구불한 형상들은 바로 움직일 수 없는 그 증거들이라는 것

---

* 북한말로 이리 뒤척 저리 뒤척거리며 자는 잠.

빠르게도 그렇다고 느리게도 걸을 수 없는, 지상의 유일무이한 직립보행을 자랑스럽게 여기는 인간만이 세상의 이치에 전혀 맞지 않는 영법의 걸음걸이는 낮은 산의 중심에도 이르지도 못하고, 독수리처럼 가벼이 날아오르지도 못하면서 일상의 벽 앞에서 주저앉아버리는 게 문제이다 이제는 아예 걸으려 하지도 않는다

 삶은 작은 너울성 파도조차 폭폭하고 갈수록 어려워지는 것이라는데, 밤이면 영법을 일러 주려고 수많은 별들이 별빛을 보내오지만, 이제는 별을 쳐다보지도 않는다 다만 지쳐 잠이 든 후에야 파도에 떠밀리듯 이리 뒤척 저리 뒤척 갈개잠을 잔다

새 별자리 · 5
— 그믐달

싸라기 빛 한 톨도
허투루 새나지 않게
막장 남은 내력벽*마저
허물고 있는 저 달의
무상무념

비로소 모난 곳 없이
티끌 한 점 없이
둥글어지는

안으로 제 안으로
새겨내는 달의
아련한 그림 하나

---

* 건물의 하중을 받는 벽.

새 별자리 · 6
— 고목

아! 하나님은
바람 속의 기도를
아직 잊지 않으셨던 거라고
말하고 싶었던 게다
눈보라 속
검은 등걸을 따라 기어이
붉은 함성을 터트리는 너는
처음 꽃망울을 부시게
피워내던 날의
아마, 처녀성을
기억해내고 싶은 게다

새 별자리 · 7
— 아버지 손

산길 가다 보면
험한 바위틈의
키 작은 굴참나무 만난다

독야청청 낙락장송을
꿈꾸기보다는

꽃 대신 붉은 나비넥타이 매고
벼랑길 오르내리는 사람들의
조심스런 발길을

손잡아 주는
손때 반질반질한
등 굽은 나무

생각나게 하는
길 아닌 곳에 길을 내는

새 별자리 · 8
— 꽈리

어디 먼 길이라도
훌훌
떠나시나

헌 잠자리 날개 옷
깨끗이 다려 입으시네

시간은 충분하다
어제 저무는 노을을 만나
붉고 붉어지던

아직은 찬란한
안쪽

새 별자리 · 9
— 염하는 친구에게

여보게!
손등은 닦지 말게

참! 실반지 하나는 괜찮겠지
실은 커플링이라네

부탁하는 김에 하나 더 함세
옷은 평소 입던 대로
연한 물방울 무늬
스카프도 그대로 매어 주게

멀리 가는 것도 아니지 않은가

꽃눈

가지마다
시린 귀 대고
터질 듯한
정적으로 부푸는
그리움이랬지

그리 낯설지 않은 풍경 속으로

봄 달빛 꽃물결 같은
밤바다 건너
무화과 익어가는 마을의
강어귀에 배를 매고
구름 없이 동 트는
태양보다 일곱 배나 밝은
아침빛에 찬란히 휩싸이리라

장엄히 장엄히 내 이름을 부르는
신령한 빛으로부터의 소리를
기쁨으로 기다리리라

아침 기도가 끝나면 제일 먼저 우체국을 찾아가
그리 낯설지 않은 풍경의 창가에서
또 다른 나의 시작을
안부처럼 당신에게 엽서를 쓰리라

고맙다 사랑한다 그리고

추신란에 다시 만날 수 있기를
기도한다는 말을 꾹꾹 눌러 쓰리라

우리 닿는 지상에서는

차돌 바위 구르듯
내리는 얼음덩이가
막상 지상으로 내릴 때쯤은
눈이 되어 내립니다

눈은 가벼워지기 위해
무리지어 나리는 동안
서로 나누며
서로 다독이며
더 가벼워져서
함께 지상에 닿을 때쯤에는
모난 곳 없는 함박눈이 되지요

그래서 오랫동안 걸었으나
이르지 못한 이들의 어깨 위에 내리어
따뜻한 꽃이 핍니다

지상으로 내리는
낮은 그 때는

| 발문 |

황혼의 민달팽이
— 최종만의 『면도날 위를 넘는 집없는 달팽이』 읽기

우한용(소설가 · 서울대 명예교수)

1.

우리가 동갑내기라는 거 알았으니, 최형이라고 부르고자 합니다. 문인들이 상대방 부르는 방식이 그랬습니다.

최형의 시를 두고 어렵다는 이들이 꽤 있는 모양이지요? "친구는/ 나의 시가 어렵다고 합니다"(97) 그런데 그 답변이 참 쉽습니다. "실은 나도/ 시를 쓸 때가/ 가장 어렵다네" 그렇게 답을 하고 있군요. 어렵다는 이야기를 쉽다고 읽는, 이 묘한 독법의 근원은 시를 쓰는 많은 시인들이 시 어렵다고, 쓸수록 어렵다고 그렇게 이야기하기 때문이지요. 그거 엄살 아닌가, 나는 그런 의문을 갖고 지냅니다.

시 쓰기 그거 신나는 일이다, 왜 그렇게 고백하지 못하는지 까닭을 잘 모르겠습니다. 나는 소설 가르치기를 끝낸 이후 소설 쓰기가 본업처럼 되었는데, 그게 관자놀이 벌떡거리게 신나는 일이라고 고백한 적이 있습니다. 세상에 어렵지 않은 일이 어디 있겠습니까. 밥 먹고, 옷 입고, 집 장만해 사는 일 모두 헉헉거리면서 치달려야 하는 일들 아닌가 싶습니다. 시라고 어디 술술 써지겠습니까.

시인은, 말하자면, 사서 고생을 하는 쪼깨 얼띤 사람들 아닌가 모르겠습니다. 그런데 참 묘한 일은 약간 얼띤 사람에게 '경이감'이 다가온다는 겁니다. 그걸 아는 이들이 참 적은 것 같습니다. 시는 자연에 대한, 인간에 대한, 경이감에서 비롯되는 거라고 나는 생각합니다. 진리의 발견과는 거리가 있습니다. 인간의 도덕률을 제시하는 것과는 엄청 멀지요. 인간이, 자연이, 사회가, 역사가 참 놀랍다는 그 감각, 거기서 시가 솟아나고 시가 깃드는 거라고 생각합니다. 세속적 이해관계 저만큼 제쳐놓고 보아야 '놀라움'이 솟아납니다.

'왕소금'(89)이란 시를 읽다가 웃었습니다. "그대의 가슴에 녹고 싶습니다" 그래야지! 그런데 내 판단을 거부하는 문장이 튀어나옵니다. "정육면체 당당한/ 결정체 모습 그대로" 최형이 사물을 얼마나 면밀하게 관찰하는지를 알게 하는 문장인데, 소금을 정육면체로 파악하는 것은 과학자의 눈입니다. 정육면체 그 한가운데를 향해 미끄러져 내려가는 그 우물은 뭐라 해야 하나요? 아무튼 정육면체가 형태를 그대로 유지한 채, 그 모습 그대로는 녹을 도리가 없습니다. 아무튼 그렇게 억지를 쓰는 게 시의 본질 가운데 하납니다. 은유는 한마디로 억지쓰기 아니던가요.

최형은 참 순진한 시인이라는 생각이 듭니다. 아니, 칠십 중반에도 순진하다는 건 얼마나 경이로운 일입니까. 때묻지 않고 이제까지 풋풋하게 살았다는 뜻이 아닙니까. '시의 날 세우기'를 보고, 손뼉을 쳤습니다. "한창 물오른 달의 실팍한 엉덩짝/ 곰보딱지 환하다." 기막힙니다. 그런데 그게 "달의 뒷머리를 슬며시 돌아가"야 보인다는 겁니다. 겨울 이야기하다가 "두루 도는 불칼이 지키는/ 에덴동산의 생명나무"에 이르면, 최형의 시가 시정의 소박한 정서를 훨씬 넘어서리라는 걸 짐작하게 합니다. 성서적 이미지 혹은 원형이 거기 나타나기 때문입니다.

자연의 자연스러움을 보기 위해서 우리는 우리 눈을 날카롭게 벼리지 않으면 안 됩니다. 그런 예를 〈시가 오는 날〉(95)에서 볼 수 있습니다. 최형 그대의 시는 자연에서 온다, 그렇게 외치면서 그 시가 어디에 이르는지가 궁금해졌습니다. 그런데 뜻밖에 금방 낌새를 챌 수 있었습니다. "밤하늘의 별이/ 제 몸을 끊임없이 부싯돌 쳐/ 반짝임을 멈추지 않듯" 야아 멋진, 낡은 비유의 곰삭은 맛이라니! 그런데 내 생각 옅음을 질타하듯 "내게는 어떤 방황도 끝나지 않았다" 선언하는군요. 시라는 게 무릇 방황에서 온다는 거지요. 놀라운 통찰입니다. 방황하지 않는 자가 왜 시를 쓰겠습니까.

이쯤이면 푹 믿고 최형의 다른 글들 읽어도 되겠다는 생각이 들었습니다. 자신의 시에 대한 명징한 인식이 '나의 시'에 부단한 생성과 재생의 이미지로 형상화되어 있기 때문입니다.

2.

최형의 시적 발상은, 전주 말로, 참 아그똥합니다. 예사롭지 않다는 뜻이지요. '집없는 달팽이'라니 말입니다. 나는 나에게 익숙한 대로 민달팽이라 하겠습니다. 민달팽이 그놈, 미끈둥하니 온몸으로 자기 몸을 이끌고 느싯느싯 다니면서 푸성귀 침발라가면서 뜯어먹고 그늘로 그늘로 숨어들어 구명도생하는 그놈.(사실 민달팽이는 자웅동체라서 그놈이라 부르기는 망설여집니다.)

  그런데 이게 정말 예사롭지 않은 까닭은, 민달팽이에 대한 예리한 관찰과 거기 부여하는 시인의 의미화 방식 때문입니다. '시인의 말'에서 "시를 쓰는 일이 집없는 달팽이가 면도날을 넘는 것보다 폭폭하고 더 어려웠다."고 고백하고 있는 겁니다. 그런데 이런 표현은 약간 과학성을 벗어난 게 아닌가 의문이 듭니다. 민달팽이가 면도날 위를 넘는 게 정말 어려울까요? 천만에요. 식은죽 갓둘러먹기 한가지입니다. 몸을 구부리고 액즙을 적절히 바르고 슬그머니 넘어가면 신 오른 무당 작두 타는 것보다 한결 쉽습니다. 공연히 민달팽이 편드는 게 아닌가, 시인의 시 쓰기 어려움을 강조하기 위해 민달팽이 행동을 엄청 어려운 것처럼 이야기하는 시인은 행복한 사람입니다.

  행복은 객관적 분석에서 오지 않습니다. 주관적으로 세계를 포용하는 데서 행복은 자리 잡습니다. 주관적이라고 탓할 일은 아닙니다. 시가 본래 그렇지 않던가요. '강을 건너다'에 민달팽이와 연관된 이야기 전부가 들어 있습니다. 민달팽이는 몸과, 입과, 더듬이 눈이 존재의 전체입니다. 민달팽이 어슬렁거리면서 기어가는 강나루에는 아무 일 없다는 듯이 바람이 불지요. 그래서 "흰 바람 소리"가 들립니다. 그 풍경을 깨트리는 게 "기어이 갈잎 하나/ 베어 무는" 민달팽이입니다. 그게

"노을 지는 강 건너/ 갈대 숲 바람 소리"로 이어집니다. 서사의 시중종始中終이 이 짧은 시 안에 다 갖추어져 있습니다. 이는 이 시집 전체의 구도이기도 합니다.(강을 건너다, 14)

사람들은 어떤 시집을 집어들면 그 시집의 표제작을 먼저 주목하게 됩니다. 나도 마찬가지라서 〈면도날 위를 넘는 집없는 달팽이〉를 거듭 조심조심 달팽이 걸음으로 읽어갑니다. 공감과 반감이 교차하는 가운데 이 시가 《삼국유사》에 기록된 이차돈의 순교와 연관된다는 것을 알게 됩니다. "민달팽이가 살아가는 길은 그 자체가 고행이다." 그게 시인의 전제입니다. 그래서 "날 선 면도날 위를/ 털끝 하나 상하지 않게 넘고 있는/ 저 집없는 달팽이" 거기 완전히 꽂히고 맙니다. 시를 쓴다는 게 그렇게 어려운데, 민달팽이는 날 선 면도날을 너끈히 넘다니, 나보다 나아도 한결 낫다, 그 모습이 "하얀 피를 뿌려 목숨을 살리는/ 신라의 이차돈"을 불러온다니, 시적 상상의 시간 초월이 이쯤은 되어야 합니다.

민달팽이를 이차돈異次頓과 연관짓는 상상력은 범상치 않습니다. 시인의 생애 경영과 연관되기 때문입니다. 이차돈은 신라에 불교를 전파하기 위해 이십대 초반에 순교한 인물인 거다 아시잖아요? 시인이 시를 위해 목숨을 바치는 걸 순시殉詩라고 합시다. 시를 위해 목숨을 바쳐? 말이 그렇다는 것이겠지만, 그 결기만은 어디 내놓아도 흠잡을 데가 없을 듯합니다. 최소한 그런 다짐으로 시를 써야 할 것이기 때문입니다.

그런데 나는 시인들의 엄살에 상당히 질렸습니다. 엄살이란 의인법을 뜻합니다. 의인법은 사물의 범주를 마구 흩어놓는 일입니다. 민달팽이는 민달팽이이고 사람은 사람이다, 그렇게 생각하는 게 나처럼 소설 쓰는 사람들의 기본 발상입니다. 그런데 시인들은 다릅니다. 민달팽이에게 옷을 마련해 주기도 하고, 묵언수행도 시키고, 산도 넘게 하며, 민달팽이가 걸어간 길에 "깊은 강물로 출렁"이는 모양을 보기도 합니다. 그래서 "오늘은 벼락 맞은 대추나무 지팡이/ 그의 손에 들려주고 싶다"고 합니다. 민달팽이에게는 손이 없습니다. 일반 달팽이는 자신의 몸무게 200배 무게를 지고 옮긴다 합니다. "민달팽이 = 시인" 이런 등식은 글을 어질러 놓습니다. 아니 글에 느글거리는 점액을 발라 미끄러지게 합니다. 기표(시니피앙)가 기의(시니피에) 위를 느끼하게 '미끌어지는' 게 시적 발상인지도 모르겠습니다.

  따지고 보면 시인이 자기 자신을 민달팽이로 나선다고 선언하는데, 당신은 민달팽이 아니라고 우겨댈 용기는 없습니다. 말하자면 그렇다는 것인데 어찌하겠습니까. 민달팽이가 유리 천장도 건너야 하고,(시간의 출구18), 민달팽이는 "온몸으로 생을 읽는다"고도 합니다. 민달팽이에게서 무소유의 자유, 자유로운 영혼의 무욕, 무욕에서 오는 부단한 정진 그런 칭찬 끝에 이런 찬사를 토해냅니다. "눈이 아니라/ 온몸으로 생을 읽는 것이다/ 저토록 충실한 삶이라면/ 나비처럼 날 수도 있으리라" (21) 나는 시인들의 이런 엄살을 아끼는 편입니다. 한편으로 코웃음을 치기도 합니다. 지상에 목숨 받아 사는 존재 치고 온몸으로 살지 않는 존재가 어디 있던가. '자유로운 영혼'의 민달팽이가 눈이 '별보다 반짝인다'면서 "그의 눈이/ 시를 본 것이다" 그렇게 칭송합니다. 이 순진함 앞에서 나는 글 쓰던 손을 멈춥니다. 시를 보고 눈 반짝이는 민달팽이를 상상하는 시인, 그 천진스러움이 나를 놀라게 하기 때문입니다. 그래서 결국 시인 자신의 '자화상'은 "집없는 달팽이 한 마리"(25)가 되는 셈입니다.

　최형의 시를 읽다가, 이 양반이 나랑 비슷한 생각을 많이도 하네, 그렇게 감탄합니다. 〈갈등을 사랑이라 읽는다〉는 작품이 그렇습니다. 갈등葛藤이라니. 이것도 내가 근간에 글로 쓴 적이 있습니다. 나는 몸이 터져라고 감고 올라가는 등나무가, 아니 등나무 줄기가 겁이 납니다. 칡에 덮여 말라죽는 나무들이 안타깝습니다. 그런 식물들의 생리를 제쳐놓고, 그걸 부부 사이의 사랑으로 읽자는 최형의 제안에는 거침없이 동의하지 못합니다. 미안합니다. 내가 소설가라 그런지도 모릅니다. 소설가에게 시집 발문 쓰라는 요청이 빗나가는 건지도 모릅니다. 소설은 갈등의 문학이라고 하지 않던가요.

3.

　최형, 나는 어떤 시인이든지 사랑을 읊을 때까지만이 시인이라고 생각합니다. 사랑과 멀어지면 시인이 아닙니다. 〈첫사랑〉은 이렇게 되어 있습니다. 짧으니 본문 그대로 다시 보기로 합니다.

> 세상 여느 일처럼
> 쉽게 잊히는 것이라면
> 첫사랑
> 아예 처음부터 하지 않았다.

그런 노래 기억하세요? "사랑해선 안 될 사람을 사랑하는 죄이라서 소리없이 내 가슴은…" 그렇게 나가는 노래, 그게 현인이 부른 〈꿈속의 사랑〉이던가요. 사랑과 이별 사이 오가는 이 노래는 '첫사랑'이 될 수 없습니다. 그런데 놀라운 일이 있습니다. 〈첫 입맞춤〉이라는 작품에는 이런 구절이 나오네요.

> 떨기나무 뜨거움
> 같은 첫 입맞춤

이 구절에서 잠시 망설였습니다. 첫 입맞춤을 "떨기나무 뜨거움"으로 비유한 게 얼른 납득이 안 되었기 때문입니다. 그런데 기억을 더듬어보니, 그게 《성서》에 나오는 일화와 연관된다는 생각이 떠올랐습니다. 출애굽기(관행대로) 3장에 나오는 내용이더라구요. 떨기나무 숲 한가운데 불꽃이 일고 있었고, 그 안에 하느님이 나타났다는 겁니다. 그야말로 뜨거운 성령이지요. 그런 성스럽고 놀라운 '뜨거움' 그게 첫 입맞춤이라는 것인데, 그 떨림을 몸이 잊지 못해서 오늘밤도 나는 "네게로 기운다"는 것입니다. 첫사랑이 모세가 만난 하느님 형상으로 승화하는 이 자연에서 마누라 미용팩, 달팽이 액즙으로 처리해서 느끼한 그거 둘러쓴 얼굴을 떠올리고 실소를 합니다.

사랑을 사랑이라고 직설적으로 말하는 것은 시적이지 못합니다. 그래서 최형은 사랑을 자연을 상관물로 해서 드러냅니다. 〈도라지꽃〉에서 "갓 스무 살 누이 볼에/ 함초롬 뜨는 초승달 같은" 그게 도라지꽃이고 그게 사랑이라는 거군요. 얼마나 청초하고 향기는 알싸한, 사랑스러워도 거리를 두어야 하는 이 자기 통어 능력에 다시 놀랍습니다.

〈덕진 연꽃·1〉은 나와 유별한 인연이 있는 작품입니다. 나는 전주에서 덕진연못 연꽃을 보면서 십오 년을 살았지요. 그런데 거기 연꽃을 보면서 심청이 모티프를 생각하는 것은 놀랍습니다. 하긴 연밥(연실)은 3천 년이 지나도 발아한다는 놀라운 생명력을 보여줍니다. 사랑이 자장을 넓혀가면 "붉은 강/ 저녁놀"이 된다는 시간적 연계성이 참 진하게도 그려져 있습니다. 나아가 〈그대 곁에 서리〉는 "한줌 흙으로/ 정갈히 사는 법"으로 사랑은 변신을 하는 것입니다.

최형이 노래하는 사랑은 겁나게 높은 경지를 향하고 있습니다. 〈동백정 동백꽃〉이 그런 예가 아닐까 싶습니다.

> 시릴수록 서슬 푸른 이파리
> 앉은 자리 허벅지도 찰랑이지 못하는
> 이승의 한나절을
> 홀로 타는 바람살이여!
>
> 한 생애의 만남조차 외륀 세상
> 우리 다 사랑하지 않았다 해도
> 단 한 번의 입맞춤만으로도
> 세월보다 더 깊게 박인
> 가슴의 옹이까지 달여 붉은
> 그대는 아뇩관음이다
>
> 꽃이파리 헤치고 가면, 거기
> 그리움의 등잔불 심지 돋우는
> 비워도 비워지지 않는 순결의 샘
> 바다보다 짙푸르러져 출렁이는구나
>
> 어둔 밤하늘에 별자리를 놓아가듯

무채의 그리움을

　　정생頂生에 매다는
　　아뇩다라삼먁삼보리여!

　떨기나무를 이야기하더니 여기서는 '삼보리'라니, 그 아스라한 사색의 폭에 정신이 없습니다. 느낌표까지 붙인 '아뇩다라삼먁삼보리여!'는 뜻이 사뭇 깊습니다. 각주를 달아 "부처님이 지혜 중생을 제도하기 위한 완전한 깨달음의 경지를 의미함."이라고 했군요. 내가 설명을 좀더 달아야 하겠습니다.

　이는 한마디로 붓다의 완전한 깨달음을 의미하는 불교 교리입니다. 산스크리트어를 음사한 겁니다. 간단히 말하자면 '그 이상 위가 없는 올바른 세계에 두루 퍼진 깨달음, 또는 지혜'가 그것이지요. 무상정등각無上正等覺이라 번역하기도 합니다. 《금강경》에 나오는 내용인데, 고집멸도苦集滅道의 사성제를 통해 얻은 완전한 깨달음이라 하지요. 이런 경우 그 실체를 밝히라 하면 난감해집니다. 다만 최형이 생의 맨 꼭대기 '정생頂生'에 설정하는 진리가 얼마나 높은 것인지 짐작하는 걸로 충분하리라 봅니다.

　완벽한 사랑은 사랑이 아닐지 모릅니다. 해서 모순된 감정의 통합에서 사랑의 진면목이 드러납니다. 〈이별이 사랑인 별에서는〉 "그리움이 기다림의 길목이라면/ 헤어짐은 길고 긴 그리움의 회랑이다." 이런 통합의 의지가 어리숙한 시인을 빛나게 하는 게 아닌가 싶습니다.

4.

시인들은 대개 어머니를 몇 편쯤인가 시로 쓰곤 합니다. 일종의 '자모사'인 셈이지요. 어머니는 시적 대상입니다. 아니 어머니 자체가 시입니다. 그래서 나는 어머니 이야기를 작품에서 직접 언급하지를 못합니다. 어머니를 생각하면 눈물이 나서 글이 안 보입니다.

최형은 '배롱나무'를 어머니 형상으로 전환해 놓고 있습니다. 그 가운데 〈배롱나무 6〉에는 '연리지'라는 소제목이 달려 있습니다. 나는 잠시 글 쓰던 손을 멈춥니다. "불타오르는 떨기나무 가운데 나타난 하느님"을 보더니 이제는 백낙천의 〈장한가長恨歌〉로 상상이 튀고 있기 때문입니다. 최형이 숨겨놓은 고전적 교양이 놀랍습니다. 본문을 다시 볼까요. 이렇게 되어 있군요.

> 무수히 비틀린 뼈와 뼈가
> 서로를 매만지고 있다
>
> 하얗도록 칼집 난
> 저 등줄기
> 푸른 피 맺힐까
>
> 처서 지난 고추는 맵기라도 하지
> 마디마디 시려오는
> 침도 뜸도 듣지 않는
> 바람 든 자리
>
> 흔들리지 않으려

마주잡은
골다공증 앓는 손

  이 작품을 앞에 놓고 어머니 손을 잡지 않고 어떻게 배겨날 수 있겠습니까. 가히 어머니는 귀신이 되어 있습니다. 사람이 뭔가에 들리면[憑] 헛것이 보이는 법입니다. 신들린 듯이 쓴 구절들을 나는 순순히 믿지를 못합니다. 첫줄은 "무수히 비틀린 뼈와 뼈가" 그렇게 시작합니다. 여기의 "무수히"는 무한수가 아니라 유한수입니다. 어머니 손마디는 아무리 비틀려도 몇 마디 뼈일 뿐입니다. 그래서 과장법은 위험합니다.
  "처서 지난 고추는 맵기라도 하지" 하는 구절에서 나훈아의 〈잡초〉를 떠올리는 것이 내가 역시 어디에 들려 있기 때문인지도 모를 일입니다. 시가 아무리 주관의 양식이라 해도 문학인 한 '묻지 마'식으로 가는 것은 금물입니다. 이런 이야기를 하는 데는 이유가 있습니다. '연리지' 때문입니다.
  최형 아시는 대로, 호를 '낙천'으로 쓰는 백거이白居易의 〈장한가長恨歌〉는 양귀비와 당황제 현종의 이야기입니다. 황후를 잃은 황제는 자기 통제력을 상실합니다. 아들의 아내 양귀비를 빼앗아 황후를 삼습니다. 당시 황제는 회갑을 넘긴 나이였고, 새로 간택된 황후는 26세였습니다. 이런 인간관계를 인정하기 싫은 나로서는 〈장한가〉를 쓴 백낙천도 제정신이 아니었다고 생각합니다. 예술과 권력 사이에서 눈먼 시인은 태연합니다. 아무튼 '연리지'는 이런 대목에 나온다는 걸 환기하기로 합니다.

在天願作比翼鳥(재천원작비익조)	하늘에서 비익조가 되고,
在地願爲連理枝(재지원위련리지)	땅에서는 연리지가 되고자 했으니
天長地久有時盡(천장지구유시진)	높은 하늘 넓은 땅도 다할 날이 있으련만
此恨綿綿無絶期(차한면면무절기)	두 사람의 서러운 한은 끝없이 이어지리라.

 이웃한 두 나무 가지가 서로 만나 얼크러져 접합된 그 나뭇가지를 연리지라고 합니다. 새 두 마리가 서로 날개를 부비다가 날개가 하나로 붙어버린 게 '비익조'입니다. 따지자면 이야기가 도를 넘을 것 같아 여기서 멈추기로 합니다. 배롱나무를 위해서입니다.
 〈배롱나무 7〉에는 '당고모'라는 소제목이 달려 있습니다. 아버지의 사촌누이가 당고모잖아요. 인간관계에 미적 거리가 유지되려면 얼마간 촌수가 있어야 합니다. 친형제보다 사촌이 좀 편한 게 그런 이유겠지요. 이 땅의 한 많은 어머니들 가운데 한 분이 "자식 열둘을 낳아 아홉을 뒷산 하얗게 얼음 박힌/ 진달래 꽃망울 막 붉은 뿌리 밑 가슴께에 묻었다는/ 당고모"군요. 그런데 이 시에서 가슴을 치는 것은 인용구 하나 때문입니다. "묻은 날은 몰라도 낳은 날은 몸이 먼저 알아" 어머니한테 자주 듣던 말입니다. 내 생일 근처가 되면 어머니는, 최형의 당고모 말씀 비슷한 이야기를 하곤 했습니다. "너 낳은 때가 되어 그런지 뼈마디가 쑤신다" 그런 이야기 뒤에는 긴 한숨을 달곤 했습니다.
 최형의 '자모사' 몇 편은 가슴에 스미는 가편들입니다. 어머니에 대한 정은 미적 통제를 거쳐 잔잔하게 아름다운 무늬를

이룹니다. 〈노모 곁에서〉를 보기로 합니다.

> 아침마다
> 머리를 빗으시는 어머니는
> 손때 절은 참빗으로
> 정갈하게
> 한 오리 한 오리
> 지나온 세월까지 반질하니
> 빗질하여 쪽을 찌우고
> 옥비녀를 꽂습니다
> 그러나 머릿결보다
> 반짝이게 다듬이는 건
> 어느새 어머니의 볼우물에 고이는
> 잔잔한 아름다움
> 잔잔한 물 무늬

덧붙일 말이 없습니다. 다만 어머니가 '장사'라는 점을 기억하고자 합니다. "동학혁명 접주 장손 집안/ 팔남매의 장남 며느리로/ 우리 집안의 장사이신"(66) 어머니는 이 나라 어머니의 표상이 아닌가, 그런 생각을 하게 됩니다.

5.

동갑내기 시집 뒤에 다는 발문이 너무 길면 본문을 해칠까 걱정이 됩니다. 처음 글 제목을 확인하기로 합니다. '황혼의 민달팽이' 사람들은 노년을 인생의 황혼으로 비유하기를 좋아하는 듯합니다. 현란하게 서쪽 하늘을 물들이는 '북새' 닮은 노년을 생각하기 때문인 것 같습니다. 그런데 황혼의 의미는 상당히 복합적입니다. 경이, 환희 그런 것과 함께 종말이라는 서글픔이 뒤얼키기 때문에 평정심을 가지고 황혼을 바라볼 수 없는 겁니다. 그래서 노년에 평정심을 찾는 것을 미덕으로 칭송하게 됩니다,

〈탱자나무 가시에 대한 생각 1〉은 근간 내가 관심을 가졌던 소재라서 눈여겨보게 됩니다. 잘들 아시는 것처럼 '탱자나무'는 좀 심란한 이미지를 환기합니다. 황금빛 탱자가 보기 좋아 탱자나무 세 그루를 심었지요. 뿌리가 잡히면서 열매가 달리기 시작했습니다. 신통해서 다가가 쳐다보곤 했는데, 새하얀 꽃은 더욱 신선하고 정다웠습니다. 그런데 '그놈의' 가시 때문에 어떻게 손을 쓸 수가 없습니다. 추사가 귀양가 살던 제주 대정읍 적소謫所에서 보았던 탱자나무를 생각하고, 탱자나무를 치뜬 눈으로 흘겨보기도 했습니다. 희한한 일입니다. 그 억세고 기골찬 탱자나무 가시는 제 잎을 찌르거나 탱자를 뚫고 나가는 법이 없습니다. 자해행위는 않는 거지요. 그게 생명의 이치 가운데 하나입니다. 제 생명을 제가 해하지 않는 것, 사람들은 그걸 본능이라고 하지요.

신통하게도 최형의 시에서 나의 발상을 다시 발견하게 됩니다. "잠시도 만만치 않은 삶의 순간에도 탱자나무는 가시로 가시를 찌르지 않는다"(70) 그 구절. 이런 구절로 시는 마무리됩니다. "얼마나 사랑하는 법을 열심히 연습해야 서로를 힘껏 껴안을 수 있을 것인지 우리 몸의 가시들" 가시를 가시로 볼 줄 아는 안목, 가시의 생명적 정당성을 인정하는 마음자리는 노년의 너그러움에서 옵니다. 탱자나무를 관념으로 바라보면 '위리안치'하는 울타리, 그 날이 선 독기가 앞섭니다. 남산 위

의 소나무가 철갑을 두르면 송충이가 범접을 하지 못합니다. 송충이는 솔잎 먹어야 산다는 말도 고쳐 듣게 됩니다. 소나무 사라지면 떡갈나무 잎 먹으면서 사는 '소충이'가 나타날 겁니다.

하루가 황홀한 노을로 마무리되기를 염원하는 것은 그 자체가 욕심일지 모릅니다. 황혼 뒤에 땅거미를 거쳐 어둠은 문득 내리고, 그리고 우리들 삶의 장막이 드리워질 겁니다. 어느 엘레지처럼 "마로니에 나뭇잎에 잔별이 질"겁니다. 어차피 종말은 엘레지를 환기하기 마련입니다. 그러나 엘레지만으로는 충분하지 않습니다.

생의 날들이 지나고 어둠이 내리기 전까지, 최형은 시를 부지런히 쓸 겁니다. 노년에 시를 쓰는 일은, 말하자면, 안온한 밤으로 우아하게 들어가지 않고, 사라지는 빛을 향해 분노를 토하는 일일지도 모릅니다. 딜런 토마스의 시 한 편이 떠오릅니다. 제목이 〈평온한 밤으로 우아하게 밀려들어가지 마세요, Do not go gentle into that good night.〉 하는 것입니다. 본문을 구태여 여기 달아 놓지는 않겠습니다.

시를 쓰는 일은 우리가 사는 과정입니다. 삶의 과정에서 문득 다가서는 경이로움, 깨달음 거기서 노을빛 황홀을 맛보는 게 시를 쓰는 일일 터입니다. 최형께서는 큰 어둠이 내릴 때까지 시를 놓지 말고, 사라지는 어둠에 맞서 빛을 찾아가시기 바랍니다. 하여 '시를 운명처럼 사랑하'시길 빕니다.

최종만 시집
면도날 위를 넘는 집없는 달팽이

인쇄 2022년 5월 21일
발행 2022년 5월 26일

지은이 최종만
발행인 서정환
펴낸곳 인간과문학사
주소 서울시 종로구 삼일대로 32길 36(익선동 30-6 운현신화타워 빌딩) 305호
전화 (02) 3675-3885, (063) 275-4000
팩스 (063) 274-3131
이메일 sina321@hanmail.net   essay321@hanmail.net
출판등록 제300-2013-10호
인쇄 · 제본 신아출판사

저작권자 ⓒ 2022. 최종만
이 책의 저작권은 저자에게 있습니다. 서면에 의한 저자의 허락없이 내용의 일부를 인용하거나 발췌하는 것을 금합니다.
COPYRIGHT ⓒ 2022. by Choi Jongman
All right reserved including the rights of reproduction in whole or un part un any form.
저자와 협의, 인지는 생략합니다.
잘못된 책은 바꿔 드립니다.

ISBN 979-11-6084-185-5 03810
값 10,000원

Printed in KOREA